NOTICE

SUR L'IMAGE

DE NOTRE-DAME-DE-GRACE

DE CAMBRAI

Par M. l'abbé CAPELLE,

Missionnaire Apostolique.

CAMBRAI,

Imprimerie de HENRI CARION, Grand'Place, 76.

1849.

HOMMAGE

AU VÉNÉRABLE CHAPITRE DE LA MÉTROPOLE DE CAMBRAI.

Au temps de nos premiers archevêques, un humble chapelain de la métropole, consacrant ses loisirs à colliger les antiquités religieuses de Cambrai, dédiait son travail à ceux des cambresiens dont il faisait un cas particulier. Comme Julien de Ligne, j'ai feuilleté les vieilles chroniques, les vieux manuscrits; et dans mon amour pour la Mère de Dieu, je mets tous mes soins à rechercher les traces du culte que nos pères ont rendu à cette sainte patronne de la cité. En extrayant de mon travail encore inédit une notice sur l'image de Notre-Dame de Grace, je me fais un devoir d'offrir l'hommage de cet essai aux vénérables successeurs de ce corps illustre à qui fut léguée notre sainte Image. Il m'est doux de payer, dans leur personne, une dette de reconnaissance au chapitre dont la piété a puissamment contribué à rendre populaire ce culte qui fut la gloire, la consolation et le salut de Cambrai.

L'ABBÉ CAPELLE,
Missionnaire Apostolique.

NOTICE

sur

L'IMAGE DE NOTRE-DAME-DE-GRACE

DE CAMBRAI.

L'Image de la sainte Vierge, honorée dans l'église métropolitaine de Cambrai, sous le nom de Notre-Dame-de-Grace et qu'une pieuse tradition attribue au pinceau de l'Evangéliste saint Luc, est une peinture qui paraît être à l'huile, sur un panneau de bois de cèdre, haut de trente-cinq centimètres et large de vingt-six. Sur un fond d'or, la mère de Dieu est représentée jusqu'à hauteur de ceinture ; elle tient son fils entre ses bras et le serre contre son cœur. Sa tête est légèrement inclinée à gauche et sa joue presse celle de l'enfant Jésus. Ses yeux sont fendus en amande, son nez long et droit, sa bouche petite, son menton court. Sa figure porte, dans son ensemble, une empreinte de douce mélancolie qu'aucun copiste n'est parvenu à imiter. Son front est presqu'entièrement caché par une coiffure rouge formant bandeau. Son cou et ses poignets sont étreints par une broderie d'or qui forme l'extrémité d'une robe de couleur rouge. Un manteau bleu qui prend à l'extrémité du front, un peu au-dessus du bandeau rouge, couvre son corps et tombe en larges plis sur ses bras. Les bordures de ce manteau sont des broderies formées par des lignes de cinabre sur un fond d'or ; dans l'agencement de leurs dessins on a voulu voir des caractères orientaux, mais ces dessins ne sont que de pure fantaisie. Deux rosaces dorées y sont encore brodées aux endroits où il recouvre la tête et l'épaule droite.

Le corps de l'enfant Jésus, excepté la tête, les bras et les jambes, est enveloppé d'un lange blanc ; sa main droite presse le menton de sa mère et de sa main gauche il saisit le bord de son manteau. Sa jambe droite est démesurément longue et sa figure n'a rien de la douceur et des charmes enfantins que les peintres impriment d'ordinaire à la tête de l'enfant-Dieu.

La tête de la Madone et celle de l'Enfant sont entourées d'un nimbe quadrillé chez la Mère, rayonnant chez le Fils ; les lignes qui forment ces nimbes, ont été incisées sur le fond d'or du tableau, à l'aide d'un poinçon. On remarque aux deux côtés de la sainte Vierge et près de la tête de son Fils, quelques anciens caractères combinés entre eux, et qui sont l'abréviation des mots qui se rapportent à ceux de *Mater Dei, Jesus Christus*.

Les couleurs du tableau sont bien conservées, quoiqu'elles aient perdu un peu de leur fraîcheur ; le cadre est fendillé en quelques endroits, mais surtout au milieu de la joue de la sainte Vierge.

Cette image fut apportée de Rome à Cambrai, en 1440, par un chanoine de la cathédrale, appelé Fursi de Bruille, archidiacre de Valenciennes, qui était allé en pélérinage dans cette capitale du monde chrétien. Elle appartenait, dit un manuscrit, à un cardinal qui l'avait en grande vénération : ce cardinal eut une révélation qui lui apprit que cette Image devait être à Cambrai, et pour obéir à l'ordre du ciel, il en fit présent à l'archidiacre. Celui-ci mourut le 17 décembre 1450, il fut inhumé dans la chapelle de la sainte Trinité, au chevet de la basilique ; et par son testament il légua à l'église sa précieuse Image.

Le 6 août 1451, le chapitre nomma une commission pour examiner la question du legs qui lui était fait, et, sur le rapport des commissaires, il conclut à ce que les exécuteurs testamentaires pussent faire placer cette image sur les parois de la chapelle, en face du tombeau du testateur, à l'endroit où se trouvait une inscription qui rappelait une fondation faite, en cette chapelle, par le cardinal Pierre d'Ailly. Les héritiers de Fursi de Bruille déposèrent donc le legs précieux à l'endroit désigné; en même temps, ils firent au chapitre remise d'une somme d'argent qui leur était due, afin qu'elle fût employée à l'entretien d'un luminaire composé de trois cierges qui devaient brûler devant la Madone aux jours de vingt de ses fêtes; et les chanoines, en acceptant cette dernière fondation, décidèrent, le 10 juillet 1452, que le quatorzième jour d'août suivant, veille de l'Assomption, ils iraient prendre cette Image, l'exposeraient dans le chœur, pendant la célébration d'une messe solennelle, et la reporteraient processionnellement après le saint Sacrifice, de manière à ce que son installation, qui avait été faite par de simples particuliers, revêtît un caractère officiel et de solennité. De ce jour, date la vénération dont le chapitre entoura l'image de Notre-Dame-de-Grace, placée derrière un treillage dont un gardien fut aussitôt chargé d'entretenir la propreté. Chaque matin, après l'office des laudes, ce corps illustre se rangeait en procession et allait la saluer, en chantant l'antienne *sub tuum*, cérémonie à laquelle on ajouta plus tard l'encensement, pendant le chant du *Benedictus* et du *Magnificat*.

Il ne paraît pas que le peuple de Cambrai portât aussitôt sa piété à cette Image ; il est même permis de penser le contraire. Habitué à honorer la très sainte Vierge dans la chapelle de Notre-Dame-la-Grande, située dans le transeps, près du portail de saint Jean ; habitué à s'agenouiller au pied de la Madone dite Notre-Dame-*la-Flamenghe*, et devant laquelle brûlait sans cesse un gros cierge fondé par le cardinal d'Ailly ; frappé dans sa dévotion à Marie par une Image merveilleuse de cette reine de Cambrai, dont le front ceint d'un diadême enrichi de pierreries, formait le couronnement d'une grande châsse de vermeil placée au-dessus du maître-autel et qui était l'objet d'une très grande vénération ; ennemi de la nouveauté et attaché aux traditions locales presqu'autant qu'aux principes de la foi, il semble qu'il ne pouvait se décider à s'avancer dans le pourtour du sanctuaire, pour aller vénérer une Image peinte sur une planche de bois et qui avait été placée dans la chapelle comme pour orner un tombeau. Dans ces conjonctures, six bourgeois de Cambrai et quelques ecclésiastiques, mus par la pieuse croyance que cette nouvelle Image était l'œuvre de l'Evangéliste saint Luc, s'associèrent pour propager son culte, et se liant par le serment de lui demeurer dévoués, lors même que délaissés de tous, ils ne resteraient qu'au nombre de cinq dans l'association, ils présentèrent une supplique au chapitre qui, applaudissant à leur pieux dessein, érigea la confrérie de Notre-Dame-de-Grâce, par des lettres en date du 1er août 1453.

La dévotion se propagea peu à peu : les fidèles visitèrent la chapelle de la sainte Trinité ; autour du treillage qui renfermait la Madone, ils appendirent de petites images, et divers objets façonnés en cire ; bientôt les étrangers, sur le bruit des merveilles opérées en ce lieu, y accoururent, et le pèlerinage ne tarda pas à devenir célèbre. En 1454, le comte d'Estampes envoyait à Cambrai un peintre de Bruges et sollicitait du chapitre la permission de faire tirer trois copies de l'Image vénérée ; en 1457, Philippe-le-Bon, duc de Bourgogne, dans un voyage qu'il fit à Cambrai, la saluait dans son sanctuaire ; Louis XI en entendit parler, et vint prier devant elle ; là, touché d'un remords de conscience par les plaintes que lui adressèrent le clergé et le peuple, il renonça solennellement à toutes les prétentions qu'il pouvait avoir sur la ville, et, comme en amende honorable des exactions de ses agens, il offrit à Notre-Dame-de-Grâce une grande couronne de fer ornée de douze flambeaux d'argent du prix de douze cents

écus d'or. Ce présent portait l'inscription suivante : « L'an de l'incarnation mil quatre cent
» LXXVIII, Louis XI du nom, roi de France
» où tout honneur luit, fonda ici l'an susdit
» pour décorer la Mère-de-Grâce ; prions jour
» et nuit Jésus qu'il ne périsse de ame. » (*)

En 1499, les libéralités des fidèles permirent au chapitre de faire exécuter un ouvrage d'orfèvrerie en argent, vermeil et or, destiné à recevoir la sainte Image. Cette châsse qui fut livrée par l'artiste qui la confectionna, au commencement de l'année 1504, fut brisée et envoyée à la monnaie à l'époque de la révolution. Sur un socle richement ouvragé, s'élevait un arbre représentant la tige de Jessé, dont la sainte Vierge était la fleur mystique, et dont les nombreux rameaux tapissaient le derrière du cadre. Deux anges agenouillés, dans l'attitude de la plus grande vénération, soutenaient l'Image encadrée entre deux colonnes ornées de leur

---

(*) Ce lampadaire, dont les flambeaux furent volés en 1584, était à l'époque de la révolution suspendu à la voute dans la chapelle de sainte Elisabeth, attenante à celle de Notre-Dame-de-Grâce. Là se trouvaient aussi les drapeaux qu'avait offerts à Notre-Dame le roi Charles VI après la bataille de Rosebeque, et ceux qu'y avaient déposés les Espagnols après le combat d'Iwuy le 10 juin 1676. La couronne offerte par Louis XI fut dorée en 1752 ; elle a donné lieu à la merveilleuse légende si connue à Cambrai.

chapiteau et surmontées d'une couronne d'or couronnée elle-même d'un cercle destiné à recevoir les *ex voto* offerts par les fidèles.

Vers cette même année on commença à frapper des médailles à l'effigie de Notre-Dame-de-Grace (*). La plus ancienne porte le millésime de 1498. La Vierge est représentée entourée de rayons avec cette inscription : *Maria virgo,* et au revers on lit : *Capitulum Cameracense.* Dans le courant du XVIe siècle, les monnaies et méreaux du chapitre sont frappés au même coin, et la dévotion des pélerins exige bientôt que ces médailles soient faites de tous les genres de métaux et de tous les modules; plus tard, le chapitre en fit frapper en or qu'il donnait en récompense d'éminents services rendus à l'église.

Les Cambresiens ne se bornaient pas dans leur piété, à offrir leurs prières devant la sainte Image et à décorer de leurs dons les murs de sa chapelle; chaque fois qu'une heureuse circonstance les engageait à témoigner à Dieu leur reconnaissance ou qu'ils étaient menacés d'un

---

(*) Avant cette époque, les évêques de Cambrai, et le chapitre, le siége vacant, avaient déjà leurs monnaies à l'effigie de la Mère de Dieu : mais cette effigie n'était point celle de Notre-Dame-de-Grace. La plus ancienne de ces pièces que l'on connaisse est de Nicolas de Fontaines ; elle porte le millésime de 1249.

fléau; soit que l'ennemi se livrât à des pillages dans la contrée, soit que l'intempérie de la saison fit craindre la perte des récoltes, ils se rangeaient en procession et parcouraient les rues de la cité et des faubourgs en formant le cortège de Notre-Dame-de-Grace toujours portée par des chanoines. La première fois que nous voyons l'image de la sainte patronne marcher en procession, est le 27 septembre 1484, à l'occasion de la délivrance d'une peste qui avait fort affligé les lieux voisins de Cambrai. Ces processions étaient fort rares, et l'on n'en trouve pas plus de trente mentionnées dans l'espace de deux siècles. La dernière dont il soit parlé dans les manuscrits de la Métropole, fut ordonnée par Fénelon qui y assista lui-même en 1703, pour demander au ciel du beau temps. La plus magnifique qui eut lieu, fut celle qui se fit le 5 août 1529, jour où fut publiée à Cambrai, sous les auspices de Notre-Dame, la *Paix* dite *des Dames*, signée le 29 juillet précédent. La sainte Image, en cette grande circonstance, fut vénérée par deux reines, huit cardinaux, dix archevêques, trente-trois évêques et une foule de princes et de seigneurs. Les mémoriaux de l'époque ne disent point que les rois de France et d'Espagne qui vinrent à Cambrai après ce traité de paix, se soient prosternés devant

Notre-Dame-de-Grâce ; mais on ne peut douter que ces rois ne lui aient rendu cet hommage, puisqu'on les voit pénétrer dans la basilique, où Charles-Quint chanta l'épître à une messe solennelle. Notre-Dame-de-Grâce était déjà alors l'objet d'un culte si spécial, qu'en ne se rendant point dans sa chapelle, ils eussent indigné, ou tout au moins surpris les Cambresiens ; et les Historiens du temps en auraient fait mention.

Le Cambresis aimait à attribuer à la protection de sa patronne la délivrance de ses maux, ainsi que le retour et la continuation de sa prospérité, et plusieurs fois l'expérience lui apprit que sa confiance en elle n'était pas vaine. « Le
» 29 juin 1548, il faisait si froid, dit l'abbé
» Mutte dans un manuscrit copié par l'abbé
» Tranchant, et il pleuvait pendant tout le mois
» de mai et le mois de juin, tellement que les
» blés ne savaient pousser, on fit une proces-
» sion générale avec Notre-Dame-de-Grâce, et
» depuis qu'on eut porté la *belle Dame-de-Grâce*,
» il fit beau et chaud tant que c'était à Dieu
» louer. » La même chose arriva en 1551.

Ce serait ici le lieu de citer les prodiges qui ont fait donner à l'Image de Notre-Dame-de-Cambrai le nom d'*Image miraculeuse ;* les historiens ecclésiastiques tels que de Lewarde, le père Bauduin Willot, Gazet, parlent, sans en donner de détails, de nombreux miracles ; au dire de Gazet, Julien de Ligne, mort en 1615, en a composé un recueil qui devait être imprimé, mais ce recueil ne peut se trouver. Tout ce que nous pouvons dire, c'est qu'on lit dans les actes capitulaires de la Métropole, diverses délibérations à l'effet de nommer des commissions pour informer sur des miracles. Ainsi, à la date du 1er août 1660, le secrétaire du chapitre reçoit l'ordre d'écrire aux vicaires-généraux d'Arras, pour les prier de faire des informations sur un miracle arrivé, par l'intercession de Notre-Dame-de-Grâce, à une religieuse du couvent des Annonciades à Douai ; le 6 août 1700, le chapitre nomme MM. Caron, Liesnart, Hanon et l'intendant de la chapelle de Notre-Dame-de-Grâce, pour informer concernant un homme qui était autrefois presque perclus de ses pieds et de ses jambes (*tibiis et pedibus debili*) que l'on dit avoir recouvré un parfait usage de ses jambes (*perfectum usum gradiendi*) devant l'Image de Notre-Dame-de-Grâce.

Nous citerons ici le récit que fait, dans sa relation du célèbre siége d'Ostende en 1601, Christophe de Bonovrs, capitaine au service d'Espagne : « Un villageois assez naïf, lequel ayant autrefois possédé quelques moyens proche d'Aire, en Artois, dont il était natif, mais qui par accident de mauvaise fortune, les avait perdus, s'était retiré en Flandre ; et depuis deux ans vivait en une cahuette bien solitaire sous la juridiction de Cockelaer, de la subsistance de deux vaches, et d'un petit labourage à main ; de tout quoy il sustentait sa pauvre famille. Or, avait-il quelques formages (fromages) de réserve, lesquelz il craignait que les soldatz, transcourans, ne lui ravissent ; ce qui le fit résoudre de les porter vendre au camp, pour du prix, avoir de quoy payer sa part des tailles, imposées depuis peu : le bon ordre qui règne es armées de sa majesté, luy ayant permis de les apporter à Oudembourg et les ayant venduz à souhait avec quelques fruits nouveaux, il s'en retournait environ les sept heures du soir, non par le chemin ordinaire, et commun, ains par un sentier détourné, dans la vaste étendue de la forêt, où était située sa chétive cabanne. Il avait marché environ une heure, quand il fut rencontré, et comme surpris par sept fributz (voleurs) armés de coutelas courts et larges ; escoupettes en bandoulière ; et longs brindestocz (longs bâtons ferrés pour franchir les fossés), le plus avancé de ces sept l'arrêta et saisit rudement, l'interrogeant d'où il venait, et sans lui faire aucun mal à ce commencement, le tira à l'écart dans l'épaisseur du bois, suivi de ses autres compagnons, qui venaient en file assez éloignez l'vn de l'autre. Il fut fouillé haut et bas; et lui furent ostez six florins en diverses monnoyes, qui estait tout ce qu'il auait. Parmi quelques menutez, se rencontra vn chapelet, auquel pendait vne image de plomb de Notre-Dame-de-Grace de Cambray; laquelle par dérision, fut regardée de ces gens impies, ainsi que quelque chose d'exécrable. Ils s'enquirent de ce pauvre homme, par raillerie, pourquoi il portait sur lui semblables bigoteries papistiques et damnables; avec d'autres interrogations pour lui trop hautes à résoudre. A quoi ayant répondu que c'était en l'honneur de Dieu et de la bonne Dame. Ainsi auoit-il accoutumez de nommer la Vierge glorieuse. L'vn de ces forcenez fributz comme hors de sens, voulut l'enferrer de son brindestoc, le villageois se recommanda secrettement en son cœur à la protection de celle à qui il s'était voué. Aussitôt on vit le fributz étonné se rejetter en arrière ne pouuant plus avancer son bras pour frapper le pauure homme; il s'ecria : quelle est donc cette gourgandine habillée de blanc qui arrête mon bras? Ah? villain tu crois éviter la mort par tes sortilèges; mais tu périras par un autre supplice. Le villageois qui avait veu Notre-Dame entre luy et le fributz retenir l'arme leuée sur sa tête, se recommanda de nouveau à sa sainte protection. Les voleurs luy ayant par jouet bandez les yeux, et étreint les mains avec douleur, a guise de ceux qu'on menne pendre, son chapelet entre deux, ils l'entraînèrent auec violence, au plus aspre de la foret. Ainsi a aueuglon, ils le firent marcher, celuy sembla l'espace d'vne heure, brossans a trauers ronces et espines dont il auait le corps tout déchiré, jusques a ce que parvenuz à vn lieu fort désert et marécageux. Le jour luy fut rendu, au point qu'il allait défaillir : et luy fut faite ostentation de dix ou douze carcasses d'hommes, liées à autant d'arbres ; que ces gens assurèrent avoir de leurs mains, mis à mort, à diuers tems ; et que ce lieu etait par eux appelé le grand cymetière, a distinction d'vn moindre, éloigné de la d'une lieue et demie, sans mettre en compte infinité de corps par cy par la, semez en diuers endrois de cette grande foret, et ailleurs, tous fins papaux, ainsi les appelloient-ilz, par sobriquet, et qui avoint passez le pas en l'espace de sept à huit mois. L'un d'entre ces fributz qui portait de longz cheueux, vne barbe et face effroyable, et qui par plaisanterie se faisait nommer portier du purgatoire, montra à ce pauure paysan trois d'entre ce nombre qu'il afferma auoir été prebtres et curez de villages, et de leur avoir de ses propres mains coupé les oreilles! puis exposé aux loups, ou a la faim, dont ilz etoint morts. Vn autre, a qui tous deferoint fit remarquer deux espagnolz, se vantant de les avoir la attachez touts nudz ; et cherché avec délectation les endrois ou asseoir les coups qui fissent longuement languir : a cause qu'il avait ouy dire que ces Spagnardz, ainsi les nommait-il, etoint aussi durs à mourir que les chats. Vn autre se vantait d'auoir fait mourir de sa main trente-quatre papelards. Ensuite ilz dirent à cet homme qu'il allait être pendu. Au moment ou ilz luy passaient une corde au cou, on entendit un grand bruit de tambours, et des compagnies logées a Ghistel, accouroint guidez par une main inuisible vers l'endroit ou le villageois allait perir, en même temps il vit bien distinctement la sainte Vierge le couurir de sa robe. Les fributz effrayez s'enfoncèrent parmi la foret et les libérateurs de ce pauure homme lui délièrent les mains jusques au moindre soldat le secourut et luy donna quelques pièces auec quoy réparer ses pertes, ilz le conduisirent au camp l'inuitant a boire pour luy ouir réciter son aventure, ou ilz prenoint plaisir et compassion.

» Les chefs de l'armée ayant appris ce grand miracle de la protection de Notre-Dame-de-Grace, donnèrent quelqu'argent au paysan qui se mist tot en pélérinage pour venir en Cambray remercier la glorieuse mère de Jésus.

» Ce fait 's'est passé moi présent en l'an 1601 de l'Incarnation. »

On ne peut trop regretter la perte du manuscrit de Julien Deligne sur les miracles opérés dans la chapelle et par l'intercession de Notre-Dame-de-Grace ; ces faits prodigieux feraient comprendre la grandeur de la vénération et de l'amour qui allait toujours en croissant pour la sainte Image. Son nom était aussi révéré que le nom du Fils de Dieu : Une parole messéante contre elle, prononcée dans la rue, ameutait le peuple et la force armée était obligée d'accourir, pour protéger le blasphémateur contre la fureur populaire. On lit dans le registre aux procès criminels de l'échevinage de Cambrai, que le coupable était condamné à être conduit en chemise blanche, tête et pieds nuds, un cierge ardent à la main, crier merci à Dieu et à la Vierge par les carrefours, au lieu où il avait blasphêmé et enfin à l'église métropolitaine devant l'Image de Notre-Dame-de-Grace.

Les pélerinages à Cambrai étaient passés dans les mœurs de toute la contrée et au-delà, et pour remplir ces pratiques de dévotion, la plupart des fidèles communiaient dans la chapelle où s'achevait le pieux voyage.

En 1584, alors que le Cambresis avait été inféodé à la France, « on vit, le 25 août, entrer » processionnellement à Cambrai, dit l'auteur » d'un manuscrit de l'abbaye de St-Sépulcre, un » grand nombre de gens de village du quartier » de Péronne et autres lieux, tous vêtus de blanc, » portant es mains petites cierges et croix de » bois et chantaient à haute voix cantiques et » louanges à Dieu et à Notre-Dame-de-Grace ; » et par le commandement du roi, ajoute le » même auteur, quasi toutes les villes de France » firent de même. » Le 12 août 1594, Henri IV arriva à Cambrai et monté sur un beau cheval blanc, sous un dais de damas blanc à franges d'or, il alla directement à la Métropole saluer Notre-Dame-de-Grace, ce en quoi, dit Robert d'Esclaibes qui assistait à la cérémonie, « il fit bonne mine. » Le 16 février 1600, l'archiduc Albert d'Autriche comte de Flandre, après avoir pris possession de Douai qui ressortait de son fief, vint à Cambrai, en compagnie de son épouse Isabelle infante d'Espagne, faire un pélérinage à Notre-Dame-de-Grace.

Le culte de la Mère de Dieu devait encore grandir dans notre ville, qu'au onzième siècle, le bienheureux évêque Lietbert appelait la cité de la Vierge. Le 24 juin 1649, les Français sous la conduite du comte d'Harcourt vinrent mettre le siège devant Cambrai. La garnison était très faible, militaires et bourgeois capables de porter les armes ne formaient qu'un effectif d'environ 5,700 hommes. La place paraissait incapable de soutenir une longue résistance. Le comte de Garcies qui était gouverneur s'adressa au clergé et demanda que l'on fît des prières publiques et solennelles pour l'heureux succès des armes cambresiennes. Le chapitre, en assemblée générale, statua, le 26 juin, que l'Image de Notre-Dame-de-Grace serait exposée pendant huit jours sur le maître-autel, et que, chaque soir, les litanies de la très sainte Vierge seraient chantées solennellement. Tout le clergé fut convoqué à une procession générale qui eut lieu le lendemain dimanche, à l'issue des vêpres. La milice, le peuple, le magistrat suivirent l'Image de Notre-Dame-de-Grace, la conjurant de ne point abandonner Cambrai à ceux qui n'avaient jamais été pour eux que des spoliateurs et qui toujours les avaient indignement maltraités. Le 2 juillet, jour de la fête de la Visitation, et qui devait terminer l'octave des prières solennelles, on apprit que l'archiduc Léopold devait, pendant la nuit suivante, tenter un dernier coup de main pour jeter du secours dans la place. A cette nouvelle, on annonça par les rues de la ville que le Saint-

Sacrement serait exposé à huit heures du soir, qu'il resterait exposé pendant toute la nuit, que les chanoines et les chapelains auraient veillé en prières dans l'église, et qu'une messe solennelle, en l'honneur de la sainte Vierge, serait chantée à deux heures du matin. Tout Cambrai se rendit à l'appel qui lui était fait, au nom de sa patronne, et passa la nuit à prier avec les prêtres. Cependant l'armée d'expédition, divisée en deux colonnes, partit de Bouchain vers le soir; marchant à la faveur d'un brouillard épais, après s'être égarée dans sa route, elle arriva au moulin du village d'Esnes et franchit la circonvallation ennemie. Bientôt le brouillard se dissipa et le brave colonel Bruck, commandant l'une des colonnes, se vit au pied des murailles de la ville où il entra avec ses bataillons, sans être pour ainsi dire aperçu. Son premier soin fut de se rendre à l'église où l'office religieux s'achevait à peine, et l'armée, se rangeant en bataille sur les remparts, apprit aux assiégeants que, pour s'emparer de Cambrai, il fallait autre chose que la valeur française. D'Harcourt voulut voir le lieu où les lignes de l'armée avaient été franchies, et apercevant la colonne qui, n'ayant pu pénétrer dans la place, rebroussait chemin, s'imagina que ce corps d'armée s'en retournait, parce que l'on avait jugé sa présence superflue à Cambrai plus qu'abondamment pourvue de troupes, et l'échec tourna ainsi à l'avantage de la ville. D'Harcourt fut tout éperdu, et comme un homme qui n'a plus de raison, il voulut lever le siége ; en vain ses officiers lui firent mille représentations pour le dissuader de ce dessein ; tout fut inutile, et l'armée se retira.

On ne peut décrire les démonstrations d'actions de grace que firent, en cette circonstance, éclater les Cambresiens, en l'honneur de la sainte Vierge. Pour donner plus d'appareil à la fête de la reconnaissance, on la remit au dimanche 12, et alors l'Image de Notre-Dame fut exposée dans le chœur et portée dans une procession solennelle, à laquelle tout le Cambresis assista avec une joie et un amour qui allaient jusqu'au délire.

Ce ne fut point seulement le Cambresis qui voulut témoigner sa reconnaissance à Notre-Dame : l'Ostrevent, le Hainaut, la Flandre s'ébranlèrent : tous les jours, arrivaient, en procession, les habitants des villages, des bourgs et des villes. Trois mille Valenciennois vinrent ensemble apportant une lampe d'argent, sur laquelle étaient représentés St-Waast, St-Nicolas, et St-Jacques patrons des trois paroisses dont les habitants avaient contribué à l'acquisition de ce riche *ex voto*. On compta, en un seul jour, sept mille pélerins qui vinrent de Douai ; enfin, l'affluence devint si grande, que le chapitre, craignant que des malheurs n'arrivassent au milieu de la foule compacte qui encombrait le pourtour du sanctuaire, permit que l'on célébrât la messe au maître-autel, où il fit exposer la sainte Image. Les particuliers se disputaient l'honneur d'offrir le plus riche présent : les paroissiens de la Magdeleine à Cambrai présentèrent une lampe d'argent; le gouverneur de la citadelle, le comte de Garcies, en fit confectionner une de même métal, sur laquelle était cisclée en relief une vue de la forteresse qu'il commandait et légua plus tard 7,000 florins à la chapelle. Le comte de Fuensaldagne, qui marchait sous les ordres de l'archiduc, en voua une autre du poids de 258 onces et demie, et fit une donation pour qu'un cierge y brûlât nuit et jour.

Le burin, la peinture, la sculpture, la statuaire reproduisirent les traits de la madone miraculeuse. Il n'y eut pas d'église dans la contrée, pas de famille dans le Cambresis, qui n'eut sa Notre-Dame-de-Grace, pas de catholique qui ne portât sa médaille. Les dames l'étalaient dans leurs bijoux au milieu des pierres précieuses, les particuliers la faisaient ciseler sur le devant de leur maison ; placée dans des niches, au coin des rues, elle recevait les hommages des fidèles qui y allumaient des cierges et le soir y chantaient des litanies, et aux portes de la ville, elle était comme la sauvegarde de la cité. Pendant plusieurs années, on célébra l'anniversaire du 3 juillet et en 1651, à cette occasion, il fut décidé par le chapitre que la sainte Image ne serait plus portée que sous un dais. On trouve encore aujourd'hui beaucoup de médailles commémoratives de ce grand événement, d'un côté elles portent l'effigie de Notre-Dame, ou les armoiries de la ville, et de l'autre cette inscription : *Cameracum obsessum et liberatum* 1649. Les images de Notre-Dame qui depuis lors ont été reproduites présentent au bas de l'effigie cette inscription :

>Par une nuée
>Cambray est délivré
>Par Notre-Dame-de-Grace
>Son altesse en rend grace.

La dévotion à Marie atteignit alors son apogée à Cambrai, et la levée du siége de 1657 l'augmenta encore, si toutefois elle pouvait s'élever davantage. Dans la journée du 30 mai où Turenne fut, comme d'Harcourt, obligé de se retirer loin de nos murs, les Cambresiens reconnurent de nouveau la protection de leur patronne. Ils frappèrent une médaille spéciale sur laquelle on lisait l'inscription : *Virgini sacrum et Condeo liberatori*. Le grand Condé qui en entrant en ville ne voulut mettre pied à terre qu'aux portes de la basilique, alla saluer Notre-Dame-de-Grace, et sa pieuse démarche fut le signal de nouvelles processions qui se rendirent à Cambrai. De tous ces pélérinages solennels, nous citerons celui des habitants de la ville de Bouchain, qui eut lieu, cette année, le jour de l'octave de l'Assomption. Nous empruntons ce récit au frère Petit qui en a fait la description dans son histoire de Bouchain et que l'abbé Tranchant a copiée dans ses écrits.

« ..... Le jour destiné étant arrivé, tout le peuple au son des cloches et du carillon se trouva à l'église de grand matin. Mais a peine en fut-il sorti en bonne disposition, qu'incontinent une pluie véhémente menace de mettre tout en désordre ; et si la dévotion et la piété des pélerins n'eut été bien affermie, principalement par l'exemple et la parole de M. le gouverneur qui, marchant à pied, et méprisant l'incommodité du temps, encouragea les autres. On poursuivit doncq, et le clergé revêtu commença d'entonner les cantiques d'actions de graces. Cependant à l'issue de la Ville-Basse, le temps se changea et devint plus serein le reste de la journée. On marcha avec tant de modestie qu'il fut dix heures quand on arriva aux portes de Cambrai. La cloche de la ville commençant à donner à la vue de tant de peuple, les remparts parurent incontinent couverts de monde : dans l'ordre qu'on avait marché on entre dans la ville. Premièrement marchait à la tête une compagnie de cent mousquetaires avec le capitaine et tous ses officiers, qui, entrant en ville, firent une belle décharge.

» Puis suivaient les enfants divisés en quinze compagnies chacune distinguée par les guidons du Saint-Rosaire, tous marchaient deux à deux, chapelets et rosaires en mains, suivant leur croix portée par des enfants revêtus en ange. Derrière les sept premières compagnies qui étaient toutes de garçons, quatre filles couvertes toutes blanches portaient sur une civière la belle et dévote Image de Marie-Enfant, comme elle a été présentée au Temple : ensuite marchaient toutes les filles deux à deux en bel ordre, divisées par les guidons en vingt compagnies, et à la fin une demoiselle qui portait le grand cierge voué à Notre-Dame-de-Grace, auquel il y avait un écu chargé des armes de la ville et de cette inscription :

A Notre-Dame-de-Grâce

Pour la délivrance de Cambray, l'an 1657
Le peuple de Bouchain.

» Le cierge précédait immédiatement l'Image du saint Enfant Jésus qui est de grande vénération en la paroisse de Bouchain, et dont l'ornement était si propre qu'il attirait sur soi les yeux des spectateurs et l'affection de tout le monde; quatre garçons revêtus à qui mieux mieux portaient cette Image; ces enfants si bien arrangés étaient environ au nombre de cent cinquante.

» De là marchait la croix et le clergé revêtu en surplis, le diacre et le sous-diacre, chapelains de la paroisse, de leurs dalmatiques, le prêtre officiant, qui était le pasteur, d'une riche chappe, suivait à pied M. le gouverneur, Mme sa femme avec ses filles et autres demoiselles; M. de Rental maître-de-camp d'infanterie, avec ses officiers qui étaient pour lors en garnison en cette ville, et puis le reste du peuple.

» Cet extraordinaire appareil d'un pélerinage attira tellement tout le peuple de Cambrai, que les rues étaient pleines de monde. On alla par le grand marché, où, à peine la compagnie des mousquetaires, qui fit une belle salve devant la maison de ville, se pouvait faire place dans la foule du peuple. On traversa toutefois, chacun en son rang, jusques au portail de Notre-Dame, et la procession entra en l'église au bruit d'une furieuse décharge. Chacun fit ses dévotions pendant la grand'messe chantée par M. le pasteur et le *Te Deum* avec la plus belle musique de cette Métropolitaine.

» Sur les deux heures, chacun s'étant retrouvé à l'entour de l'église, après avoir salué l'Image de la sainte Vierge, retourna en même ordre, et on repassa par les mêmes endroits qu'on était entré, le clergé chantant quelques hymnes et les enfants reportant leurs Images de Jésus et de Marie enfants.

» On ne saurait dire comme toute la ville de Cambrai fut satisfaite et bien édifiée de cette procession, mais surtout de la modestie et de la dévotion des enfants : ce qu'elle témoigna non-seulement par le concours qu'elle fit encore au sortir de la procession, mais en convoyant de vue sur leurs remparts ceux qui, pour remercier Notre Seigneur et sa sainte Mère de la délivrance de leur ville, avaient entrepris ce dévot et pénible pélerinage.

» Hors de la ville on marcha en bon ordre, si bien qu'à la brune on rentra à Bouchain tous ensemble, et on alla à l'église recevoir la bénédiction du Saint-Sacrement, après quoi chacun se retira en paix. »

Le nombre et la richesse des donations faites, vers ce temps, à la chapelle de Notre-Dame-de-Grace est incroyable. Ce sont des chaînes d'or, des couronnes d'or, des croix enrichies de pierreries, des médaillons entourés de diamants; parmi ces bijoux on remarque un présent qu'a fait l'archevêque Vanderburck ainsi que la croix pastorale et l'anneau épiscopal que Mgr de Brias, en mourant, légua, par testament, à la sainte Vierge. L'autel est une antipende d'argent avec ses riches gradins et son tabernacle offerts par le grand ministre du chapitre, Monsieur de Maldonade; sur cet autel brillent dix grands et quatre plus petits chandeliers d'argent massif, entre lesquels sont des vases de même métal, destinés à recevoir des fleurs; sur les côtés, s'élèvent quatre pyramides également en argent, où sont incrustées de précieuses reliques, offertes par le chanoine Vancantelbecgh; quatre beaux calices dont le plus grand a été envoyé par le chapitre d'Anvers, servent à l'oblation du Saint-Sacrifice; la sainte hostie est exposée dans un magnifique ostensoir de vermeil dont le soleil est orné de riches diamants et surmonté d'une figure de la Vierge, offert par M. de Crassaveras, chanoine; aux jours de grande fête, trente-quatre lampes d'argent sont appendues aux voûtes de la chapelle qui presque continuellement retentit du chant des hymnes sacrées dont les fondations sont aussi nombreuses que les bijoux dont elle étincelle. En 1740, le père Fourdin, abbé de Liessies, qui avait reçu la bénédiction abbatiale des mains de Mgr de St-Albin, offrit en reconnaissance à la chapelle une somme destinée à la faire paver de marbre ; le chapitre profita de cette circonstance pour de son côté faire confectionner une grande grille qui devait en fermer l'entrée et une boiserie qui en recouvrait les murailles. D'après ces réparations la châsse de Notre-Dame fut plus rapprochée de l'autel ; son habitacle se trouva placé dans le bas du trumeau, entre la fenêtre du fond et celle qui la précédait du côté de l'évangile. L'Image était enfermée par un joli grillage en fer, que recouvrait, au niveau de la boiserie, deux volets sculptés représentant l'Annonciation de la sainte Vierge ; au côté opposé, en face, était représenté saint Luc peignant la sainte Image. Au-dessus de la boiserie, à l'endroit où était enfermée la Madone, se trouvait un agneau entouré de rayons en pierre sculptée, qui depuis a été placé dans le fond du chœur de la Métropole actuelle, au-dessus du cintre situé à l'extrémité du rond-point de l'église.

Cependant le temps était venu où Cambrai devait être ville française. Les Cambresiens, au bruit des conquêtes de Louis XIV, renouvelèrent leurs supplications à Notre-Dame-de-Grace ; de nouvelles médailles furent frappées à son effigie avec cette inscription : *Tu nos ab hoste protege ;* mais leur patronne, parce qu'elle voulait leur bonheur, ne voulut point exaucer leur prière. Le canon du roi qui venait de s'emparer de Valenciennes battit en brèche les murailles de Cambrai, et le 4 avril 1677, les Cambresiens présentèrent une capitulation au monarque. Dans cet acte remarquable, on lit entr'autres conditions posées au vainqueur : que Cambrai ne serait pas dépouillé de l'Image de Notre-Dame-de-Grace ! En changeant de domination, Cambrai ne perdit rien de sa piété : son nouveau monarque qui s'était agenouillé devant l'autel de sa patronne, lui enjoignit, par une lettre en date du 6 août 1682, l'ordre de se conformer à l'édit de Louis XIII qui ordonne de faire une procession dans toutes les villes de France, le jour de l'Assomption. Cet ordre fut accepté d'autant plus volontiers, que ce jour, depuis longues années, était celui de la fête de Notre-Dame-de-Grace. C'est de cette époque que date à Cambrai la procession du 15 août, que nous décrirons tout à l'heure.

Bientôt arriva Fénelon qui, consacré à la sainte Vierge par sa mère, dès son jeune âge, dans la chapelle de Notre-Dame de *Roc Amadour,* contribua beaucoup à entretenir, par son exemple, le peuple cambresien dans sa piété à la mère de Dieu. Contrairement aux coutumes observées par ses prédécesseurs qui célébraient le saint Sacrifice dans la chapelle de l'archechevêché ou dans celle de saint Blaise, dite des évêques, à la métropole, Fénelon disait habituellement la messe dans la chapelle de Notre-Dame-de-Grace. Sous son épiscopat, la châsse de la sainte Madone fut deux fois pillée : d'abord en 1700 par un homme sur lequel on ne put mettre la main, malgré les recherches actives qui furent faites et les récompenses qui furent promises à ceux qui pourraient le faire connaître et arrêter. Le 19 février de l'année suivante un autre voleur enleva ce qui avait échappé au premier avec les dons qui avaient été présentés depuis son larcin ; ce second larron fut moins heureux que l'autre ; il tomba sous la main de la justice. Son crime a été l'objet d'une légende populaire qu'un poète Cambresien a mise en vers (*).

Ce fut aussi sous l'épiscopat de cet illustre archevêque, en 1713, que les chars furent introduits à la procession du 15 août. Ces ma-

---

M. Henri Carion, dans ses *Sept Merveilles du Cambresis, Image de la Vierge.*

chines qui, du reste, étaient une imitation de ce qui avait été fait en 1694, à la procession du Jubilé séculaire de St-Géry, représentaient entr'autres choses : la Tour de Babel et le Clocher de l'Hôtel-de-Ville avec la cloche et les mannequins qui sonnaient l'heure ; ces chars, quoique lourds et mal inventés, plurent beaucoup au peuple; bientôt ils furent perfectionnés et augmentés, au point que la procession passait pour la plus belle qui se fit dans toutes les Flandres ; mais comme ils coûtaient fort cher dans leurs décorations et leur entretien, l'intendant les supprima en 1737. Cette suppression fit naître beaucoup de murmures parmi le peuple qui voulait voir en elle, le refus de rendre à sa patronne les hommages qui lui appartenaient. Ces murmures et les représentations des magistrats firent révoquer l'ordonnance; et les chars, dit M. Leglay, reparurent bientôt.

Après la bataille de Denain, au milieu des fêtes qui furent célébrées à Cambrai, en actions de grace de la victoire remportée par le maréchal de Villars, Notre-Dame-de-Grâce fut encore l'objet de pélerinages extraordinaires. Parmi les processions qui vinrent des villes et des villages de la contrée, on remarqua la députation envoyée par la ville de Lille qui venait de nouveau d'être réunie à la monarchie française.

Le 14 août 1710, les Lillois, que les compagnies appelées *Serments* étaient allés recevoir à la porte de Selle, vinrent offrir sur l'autel de Notre-Dame-de-Grace, un grand cœur d'argent et firent chanter une messe solennelle dans la chapelle. Ce pélerinage fut par eux renouvelé chaque année jusqu'en 1737. Ils arrivaient le samedi dans l'octave de l'Assomption, déposaient leur offrande ordinaire, et le lendemain, ils assistaient à une messe chantée en musique à leur intention.

C'est ainsi que les Lillois couronnèrent la liste des villes qui vinrent en cérémonie honorer Notre-Dame-de Grace. Louis XV clot la liste des souverains. Ce monarque passant à Cambrai pour aller combattre les forces combinées de la Hongrie et de l'Angleterre, comme ses prédécesseurs, ne mit pied à terre qu'au portail de la Métropole, et après avoir assisté, dans le sanctuaire, au chant de l'*exaudiat*, il fut conduit devant l'Image, où il pria quelques instants. Un mois après, il était maître à Menin, à Ipres, à Courtrai et à Furnes : nobles préludes des succès qu'il devait remporter à Fontenoy.

L'an 1752, eut lieu pour la première fois, à Cambrai, le Jubilé séculaire de la déposition de l'Image de Notre-Dame-de-Grace dans la métropole. L'archevêque et le chapitre voulant ranimer la piété des fidèles écrivirent au pape Bénoît XIV, demandant à Sa Sainteté une indulgence plénière pour tous ceux qui s'étant confessé et ayant communié, visiteraient pieusement, pendant un des jours de l'octave, l'antique Image de la sainte Vierge connue sous le nom de Notre-Dame-de-Grace, qui, dit la supplique, déposée depuis plus de 300 ans dans cette église, était l'objet d'une pieuse vénération de la part des fidèles qui accouraient la vénérer de toutes parts, ajoutant que les princes et les rois eux-mêmes, lorsque l'occasion s'était présentée, lui avaient rendu l'hommage de leur piété. On fit, en cette occasion, outre la procession ordinaire du 15 août, une autre procession le jour de l'octave, pendant laquelle une grande multitude de fidèles de Cambrai et des environs s'étaient approchés des sacrements.

Dans le programme imprimé de cette fête extraordinaire, il ne paraît pas que les chars eussent encore reparu à la procession ; cependant d'après un chant populaire qui, en 26 couplets, donne le programme de la procession de 1756, on peut conclure qu'à cette dernière date, les chars avaient reparu depuis quelques années. Toujours est-il, qu'à cette époque, la fête du 15 août avait le caractère qu'elle ne perdit qu'en cessant d'exister à l'époque de la grande révolution.

Voici ce qu'était cette solennité : le 14 août vers le soir, le canon des remparts, mêlant sa voix à celle de toutes les cloches et du carillon de la Métropole, annonçait au loin la fête de la Reine de la cité, pendant que la musique exécutait un *Te Deum* à grand orchestre; le lendemain, après la grand'messe, célébrée avec les riches ornements couverts de pierreries que Jacques de Croy avait donnés exprès pour cette solennité, le chapitre se rendait processionnellement à la chapelle de la Sainte-Trinité; les deux doyens d'âge de ce corps vénérable encensaient la sainte Image, et deux autres, nommés à cet effet, l'apportaient dans le chœur en grand cortége. Cambrai alors voyait affluer dans ses murs tous les habitants des pays d'alentour qui venaient, la plupart, pieds nuds, en chantant les vieux refrains composés en l'honneur de la sainte Madone. A trois heures, la procession sortait de l'église par le portail de Saint-Jean et parcourait la rue de l'Arbre-d'Or, la place du Marché, les rues de Saint-Martin, des Chanoines, du Temple, de Sainte-Anne, du Marché-aux-Poissons, de Sainte-Agnès, de la Caille et de Saint-Aubert. Marchaient d'abord d'un côté les capucins, et de l'autre les récollets, puis les religieux de l'abbaye de Saint-Sépulcre et ceux de Saint-Aubert, le clergé des paroisses, les chanoines de Sainte-Croix et ceux de Saint-Géry, le chapitre métropolitain suivi des officiers de sa justice temporelle; immédiatement après, sous un dais de satin blanc brodé d'or, orné de riches panaches et soutenu par six chapelains, s'avançait la sainte Image portée par des chanoines revêtus du rochet, de la mosette, de l'étole et quelquefois d'une chappe. Derrière le dais, marchaient le commandant et le corps des magistrats. Venait ensuite la marche triomphale dans laquelle les jeunes Cambresiens rivalisaient entre eux par la richesse des costumes, tous fiers de représenter les personnages les plus illustres et les plus saints de l'histoire.

Il est impossible de décrire entièrement cette marche avec ses cavalcades, ses devises, ses bannières, ses chants, ses instruments de musique, ses sept chars et phaëtons; le programme rédigé par les professeurs du séminaire archiépiscopal variait chaque année. Une fois, elle représentait les saints et saintes de l'ancienne loi qui ont préfiguré Marie : Moïse avec ses tables, Hénoc élevé dans les airs, Ruth, Debora, Judith, Esther. Une autre fois, c'était la France avec ses pieux rois dévoués au culte de Marie; les grandes époques où Cambrai fut redevable de son salut à sa patronne avaient aussi leur tour; souvent on représentait l'Eglise avec le souverain Pontife donnant sa bénédiction au monde et entouré du collége des Cardinaux ; les principaux saints qui se sont distingués par leur piété envers la sainte Vierge, tels que saint Augustin, saint Cyrille, saint Jean Damascène. Un char cependant était presqu'obligatoire dans chaque programme : par un ingénieux mécanisme il représentait la Vierge montant au ciel au milieu des anges qui chantaient ses grandeurs et la protection dont elle couvre la ville qui lui appartient.

Le soir un beau feu d'artifice était tiré sur la Grand'Place.

Arriva la révolution avec son schisme et bientôt avec ses horreurs : la procession fut supprimée, mais l'Image de Notre-Dame-de-Grace demeura dans son habitacle. L'évêque intrus allait l'y encenser comme aux jours où avec la pureté de la foi régnait dans le saint temple la piété et la ferveur, et en septembre 1792 elle reçut dans son sanctuaire les dernières supplications des fidèles. Une nuit, les prêtres qui avaient eu le courage de demeurer au milieu de leur troupeau furent saisis et conduits sur la Grand'Place, où, placés à la gueule du canon, ils entendirent délibérer sur leur sort. Le farouche Carra qui avait ordonné l'arrestation et même prononcé leur sentence de mort était absent. Les Cambresiens cherchèrent à temporiser ; les prêtres furent enfermés au lieu dit le *Carré de Paille ;* les fidèles s'adressèrent à Notre-Dame-de-Grace, et malgré l'horreur qu'ils avaient pour le schisme, ils allèrent l'invoquer dans sa chapelle. Ils firent une neuvaine : le huitième jour on trouva un expédient pour délivrer les prêtres, ils partirent ; le lendemain arriva l'ordre de les mitrailler..... il était trop tard !!!

Bientôt vint l'édit qui abolissait tout culte en France. Des commissaires escortés de quelques hommes qui disaient dans leur langage ignoble : nous allons voir une dame bien riche et qui a de quoi !!! vinrent prendre l'Image de Notre-Dame dans son habitacle ; ils la portèrent dans la sacristie ; la dépouillèrent de ses joyaux, brisèrent la châsse, et se souciant fort peu de la peinture, ils la laissèrent sur la table et emportèrent leur riche butin. Un ouvrier tailleur de pierres, nommé Pierre Durand, dit Macaire, homme très dévot à la sainte Vierge et qui suivait la piste des nouveaux iconoclastes, les voyant sortir, entra furtivement dans la sacristie et s'empara de la Madone, qu'il cacha provisoirement dans l'église. Un soir il alla la prendre, la transporta chez lui, où il la conserva dans son grenier au péril de ses jours. Plus tard, lorsqu'on publia que tous ceux qui conservaient chez eux des objets qui avaient appartenu au culte proscrit devaient les porter dans le local de l'ancienne église de St-Aubert convertie en musée, il la confia à un gardien de la foi duquel il était assuré. Celui-ci la serra secrètement dans un tiroir de la sacristie où elle demeura jusqu'en 1802. A cette époque, elle fut exposée comme ancienne peinture, et dans le programme de la fête civique que l'on voulut réorganiser le 15 août, sous prétexte de célébrer l'anniversaire de la délivrance de Cambrai du joug espagnol par le duc d'Alençon, elle figure comme un objet curieux que l'on pouvait visiter au Musée.

En 1803, elle fut remise entre les mains de Mgr Belmas qui la rendit à la vénération des fidèles et rétablit la procession, à la prière des autorités civiles de Cambrai. A l'aide de la restitution qui lui fut faite de quelques bijoux qui avaient été conservés, et des dons que l'on s'empressa de lui offrir, le prélat fit confectionner une nouvelle châsse, celle dans laquelle elle est aujourd'hui. Cette châsse consiste en un cadre d'argent dont les onglets sont garnis de petits ornements en vermeil; ce cadre repose sur un piédestal en bois recouvert d'argent laminé d'un dessin ancien, et il est surmonté d'une bande d'argent en forme de demi-couronne que sem-

blent soutenir deux figurines d'ange en vermeil.
Un fil de fer en forme de fer à cheval entoure
le tout et soutient divers *ex voto* en or et en
argent. Quant aux détails de la cérémonie du
rétablissement de la procession, ils ont été re-
cueillis de la bouche même du prélat, par un
de ses amis qui eut l'heureuse idée de les livrer
à l'impression. Les voici : c'est Mgr Belmas qui
parle. « Enfin, le jour tant désiré arriva. Il
faisait un temps admirable ; tous les villages du
Cambresis, une multitude d'habitants des villes
voisines accoururent à Cambrai pour revoir
Notre-Dame-de-Grace cachée depuis dix ans,
mais que personne n'avait encore oubliée. Quand
on la sortit de son habitacle, et, qu'à genoux
devant l'autel, je prononçai à haute voix : *Ave
Maria,* un grand bruit remplit aussitôt les
voûtes de l'église. Jamais prière à la sainte Vierge
n'avait été prononcée avec autant de ferveur par
une aussi grande masse de peuple. Ce ne fut pas
sans peine que la procession parvint à sortir de
l'église. Je suivais immédiatement la châsse : à
peine fut-elle arrivée sur le haut du perron,
qu'un immense cri d'admiration s'éleva dans les
airs. Toute la population qui remplissait la place
Fénelon tomba à deux genoux ; elle pleurait,
elle priait, elle sanglottait, elle poussait des
vivat, elle battait des mains, elle agitait des

mouchoirs, des chapeaux.... Je n'ai jamais rien vu, rien entendu d'aussi majestueux, d'aussi attendrissant. Les mères mettaient leurs petits enfants sur leurs têtes pour qu'ils pussent voir l'Image sainte dont elles leur parlaient si souvent, et que beaucoup d'entr'elles avaient pu croire perdue.

» La procession dura plus de quatre heures ; nous ne pouvions avancer qu'à petits pas. On m'a assuré que cent mille personnes étaient entrés à Cambrai ce jour-là. J'étais heureux de voir combien la foi était vive dans mon diocèse, et combien notre sainte religion y avait jeté de profondes racines ; certes ce beau jour a été le plus émouvant de ma longue carrière. Il y a trente-six ans qu'il s'est passé ; je me le rappelle comme s'il n'était que d'hier.

» Pendant neuf jours la châsse resta exposée dans l'église cathédrale, et pendant neuf jours, la ville ne désemplit pas d'étrangers qui retrouvaient avec bonheur la Madone tant révérée dans leurs jeunes années, ou qui voyaient pour la première fois l'objet de la tendre dévotion de leurs ayeux, l'Image sainte dont les miracles racontés par leurs mères avaient si souvent frappé leurs jeunes imaginations. »

Dans l'ancienne église de Saint-Aubert, aujourd'hui Saint-Géry, et qui servit de cathédrale pendant quelques temps, la sainte Image, était placée dans la chapelle derrière le chœur, ainsi qu'elle était autrefois dans la basilique que le manteau de l'impiété avait renversée. Mgr Belmas en laissant Saint-Aubert pour venir fixer son siège dans l'ancienne église de l'abbaye de Saint-Sépulcre, transporta solennellement la Madone vénérée dans sa nouvelle cathédrale qu'il décora du nom de Notre-Dame, et la déposa, toujours par imitation, au fond de l'église, dans la chapelle dite de l'Ange-Gardien. Plus tard, lorsque les ressources permirent de faire quelques travaux d'embellissement, les débris des boiseries qui recouvraient les murailles de la chapelle de la Sainte-Trinité dans la Métropole furent appliqués au fond des chapelles latérales, et la Madone, retrouvant son ancien habitacle garni de son grillage et de ses volets, se trouva placée au-dessus du tabernacle en la chapelle située dans le transeps du côté du Nord. On comprit cependant que telle ne devait pas être sa place, puisque les belles grisailles qui décorent cette chapelle ont trait à la Passion de Notre-Seigneur, tandis que dans la chapelle du côté opposé, elles représentent des faits de la vie de la sainte Vierge. En 1838, elle fut donc transportée où elle aurait dû être placée de prime-abord, et c'est là qu'aujourd'hui les fidèles vont la vénérer. Un prêtre revêtu du rochet et de l'étole, selon l'ancien usage, ouvre l'habitacle, et l'Image est ainsi exposée les jours des fêtes de Notre Seigneur et de la sainte Vierge, le samedi dans la matinée, et le dimanche au salut du soir.

Le 15 août, chaque année, à l'issue de la grand'messe, elle est portée dans une procession solennelle à laquelle assistent les élèves des deux séminaires, le clergé des paroisses, le chapitre métropolitain et Mgr. l'Archevêque. La marche triomphale a cessé de faire partie du cortége; les chars qui ont tout à fait perdu leur caractère religieux, parcourent les rues de la ville dans l'après-midi.

A la demande de Son Eminence Mgr le Cardinal-Archevêque, le Souverain-Pontife Pie IX, considérant l'antiquité du culte spécial rendu à Marie dans la ville de Cambrai, et la piété que le diocèse a toujours montrée envers cette glorieuse reine du ciel, accorda, en 1847, aux membres du chapitre métropolitain le droit de porter sur l'habit de chœur une croix pectorale en vermeil, sur un côté de laquelle est représentée l'Image de Notre-Dame-de-Grace, et de l'autre l'effigie du Saint-Père.

Le 6 août 1848, son Eminence rétablit solennellement la confrérie érigée en 1453; il la décora du titre de première confrérie du diocèse et voulut que son nom fût inscrit en tête de celui des associés. A l'occasion de cet heureux rétablissement, par une ordonnance spéciale, il accorda une indulgence de cent jours à ceux qui visitant pieusement la chapelle où est déposée la sainte Image, y réciteraient deux dizaines du chapelet, et une indulgence de trente jours à ceux qui réciteraient la salutation angélique. De plus, renouvelant une faveur accordée en 1308 par un de ses prédécesseurs, Philippe de Marigny, il accorda une indulgence de dix jours à ceux qui, en quelque lieu que ce soit, prononceraient dévotement le nom de Marie, à condition toutefois qu'au nom de la Mère de Dieu ils ajouteront l'invocation : *priez pour nous!*

PRIÈRE A NOTRE-DAME-DE-GRACE.

Très sainte Vierge Marie, reine du Ciel et de la Terre, mère de bénédiction et de grace, nous nous prosternons à vos pieds, et nous vous offrons l'hommage de notre vénération et de notre amour. Nous nous donnons à vous en tout ce que nous avons et en tout ce que nous sommes, vous suppliant de nous être favorable et de nous affermir dans votre amour, afin que par vous, nous puissions être à Jésus davantage, le servir et l'aimer de plus en plus.

O vous, sous les auspices de laquelle cette contrée a été fondée, appelée à la foi, civilisée, sanctifiée, ne dédaignez pas nos prières et nos vœux. Nos pères ont crié vers vous dans leurs tribulations et leurs souffrances; devant votre sainte Image ils espéraient au temps de leurs afflictions, ils se réjouissaient dans les jours prospères, vous ne les avez jamais abandonnés, et maintes fois, en leur faveur, vous avez ouvert votre cœur débonnaire et déployé votre puissance. Nous sommes leurs enfants; nous avons hérité d'eux le saint respect, l'affectueux amour dont ils étaient pénétrés à votre égard; nous sommes à vous comme ils étaient à vous, pourriez-vous ne pas nous protéger comme vous les avez protégés eux-mêmes?

Répandez vos graces sur Cambrai et sur tous ses habitants, obtenez la conversion aux pécheurs, la persévérance aux justes, à tous donnez la paix en les unissant tous dans une même foi et dans la pratique des devoirs et des vertus qui mènent au Ciel.

Protégez ce diocèse dont vous êtes la patronne, augmentez-y le nombre de ceux qui adorent Dieu en esprit et en vérité.

O notre reine, ô notre mère, ô Notre-Dame-de-Grace, priez pour nous, protégez-nous, sauvez-nous, sauvez la France! Ainsi soit-il.

www.ingramcontent.com/pod-product-compliance
Lightning Source LLC
LaVergne TN
LVHW021711080426
835510LV00011B/1709